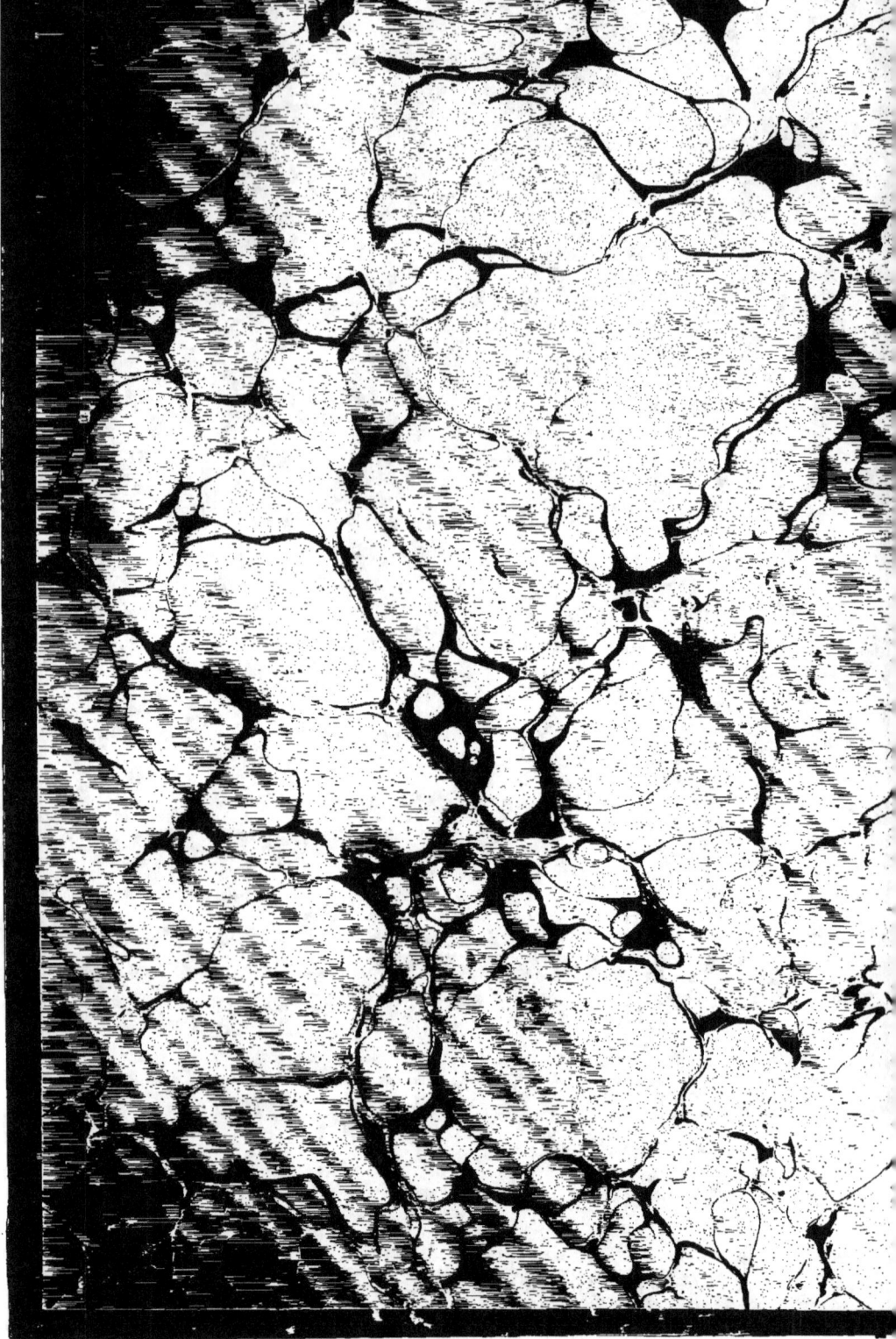

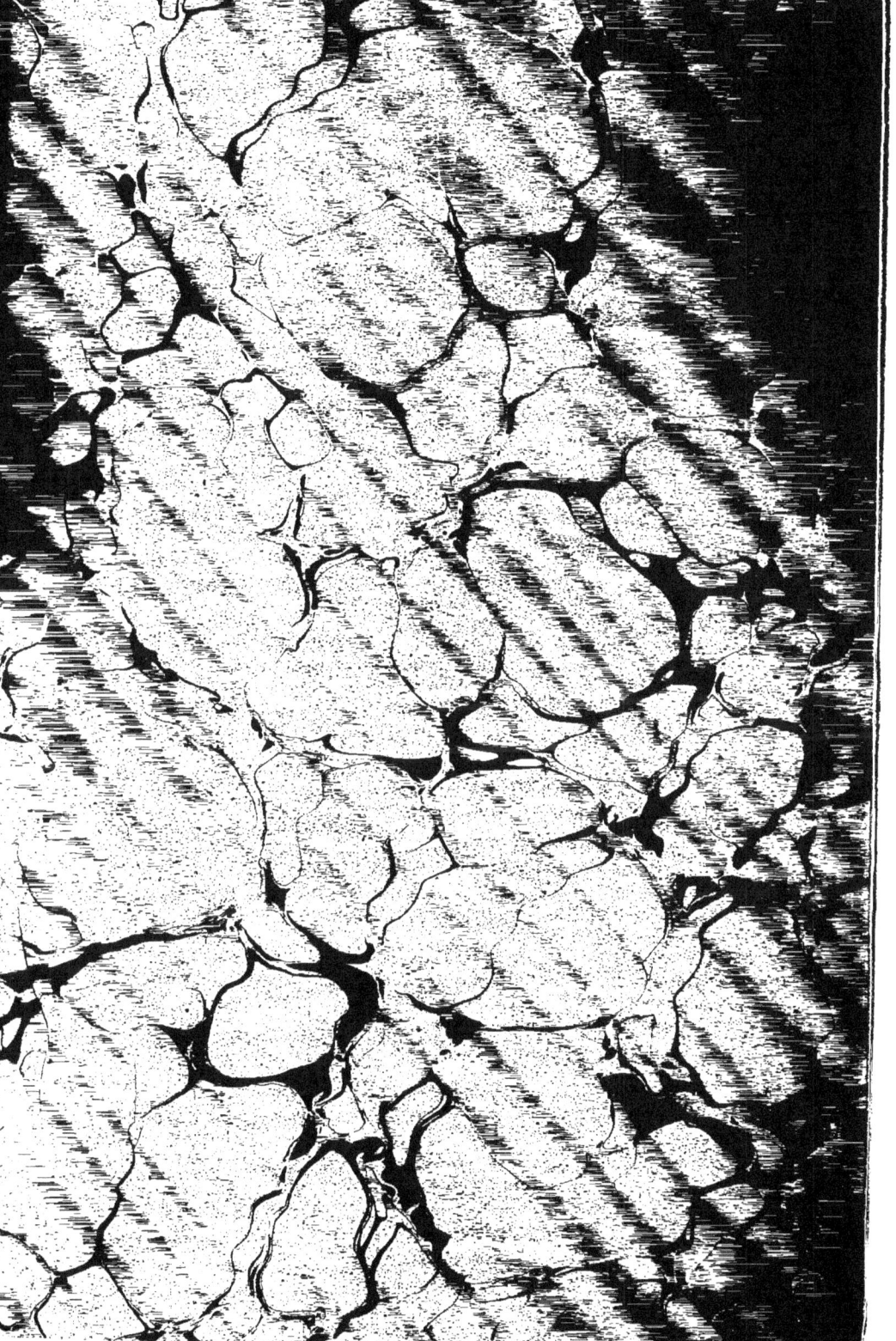

NOTE HISTORIQUE

SUR LA

PLACE VENDÔME

ET SUR

L'HÔTEL DU GOUVERNEUR MILITAIRE

DE PARIS

(Sis au numéro 9 de ladite place)

PAR

G. DOLOT

CAPITAINE DU GÉNIE

PARIS

MAISON QUANTIN

COMPAGNIE GÉNÉRALE D'IMPRESSION ET D'ÉDITION

7, RUE SAINT-BENOIT

1887

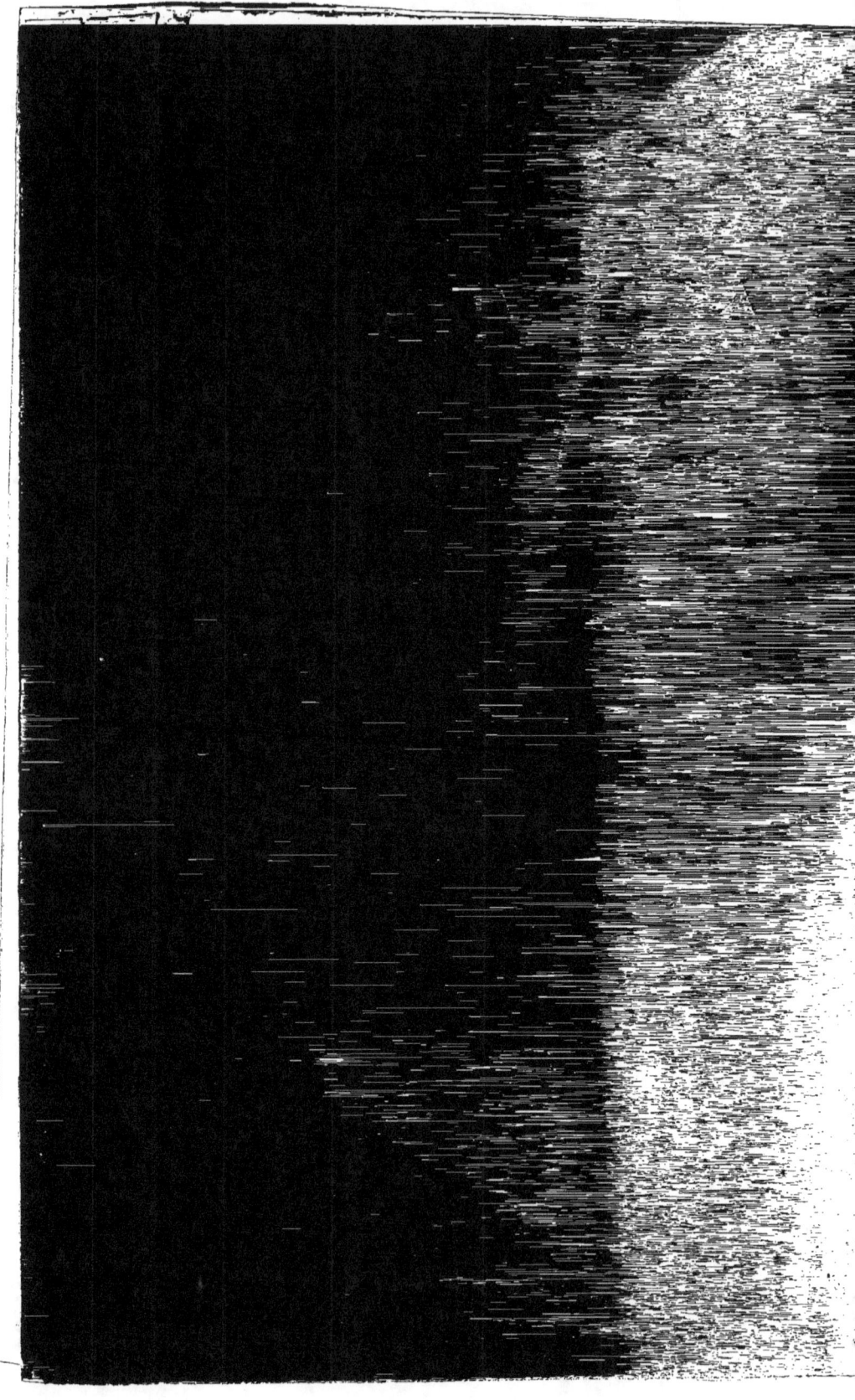

NOTE HISTORIQUE

SUR LA

PLACE VENDÔME

ET

L'HÔTEL DU GOUVERNEUR DE PARIS

NOTE HISTORIQUE

SUR LA

PLACE VENDÔME

ET SUR

L'HÔTEL DU GOUVERNEUR MILITAIRE

DE PARIS

(Sis au numéro 9 de ladite place)

PAR

G. DOLOT

CAPITAINE DU GÉNIE

PARIS

MAISON QUANTIN

COMPAGNIE GÉNÉRALE D'ÉDITION ET D'IMPRESSION

7, RUE SAINT-BENOIT

1887

La place Vendôme en 1886.

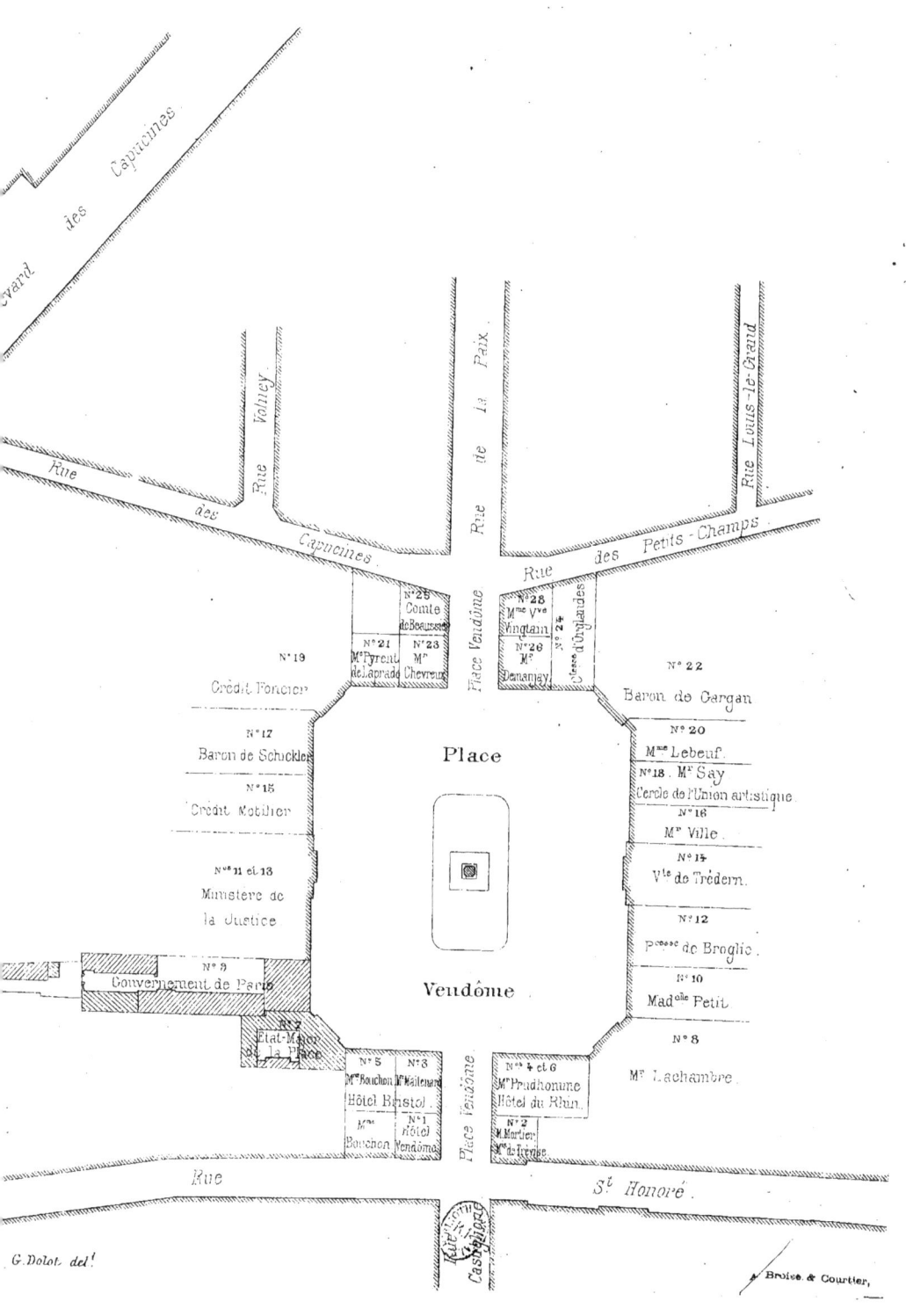

La place Vendôme en 1886.

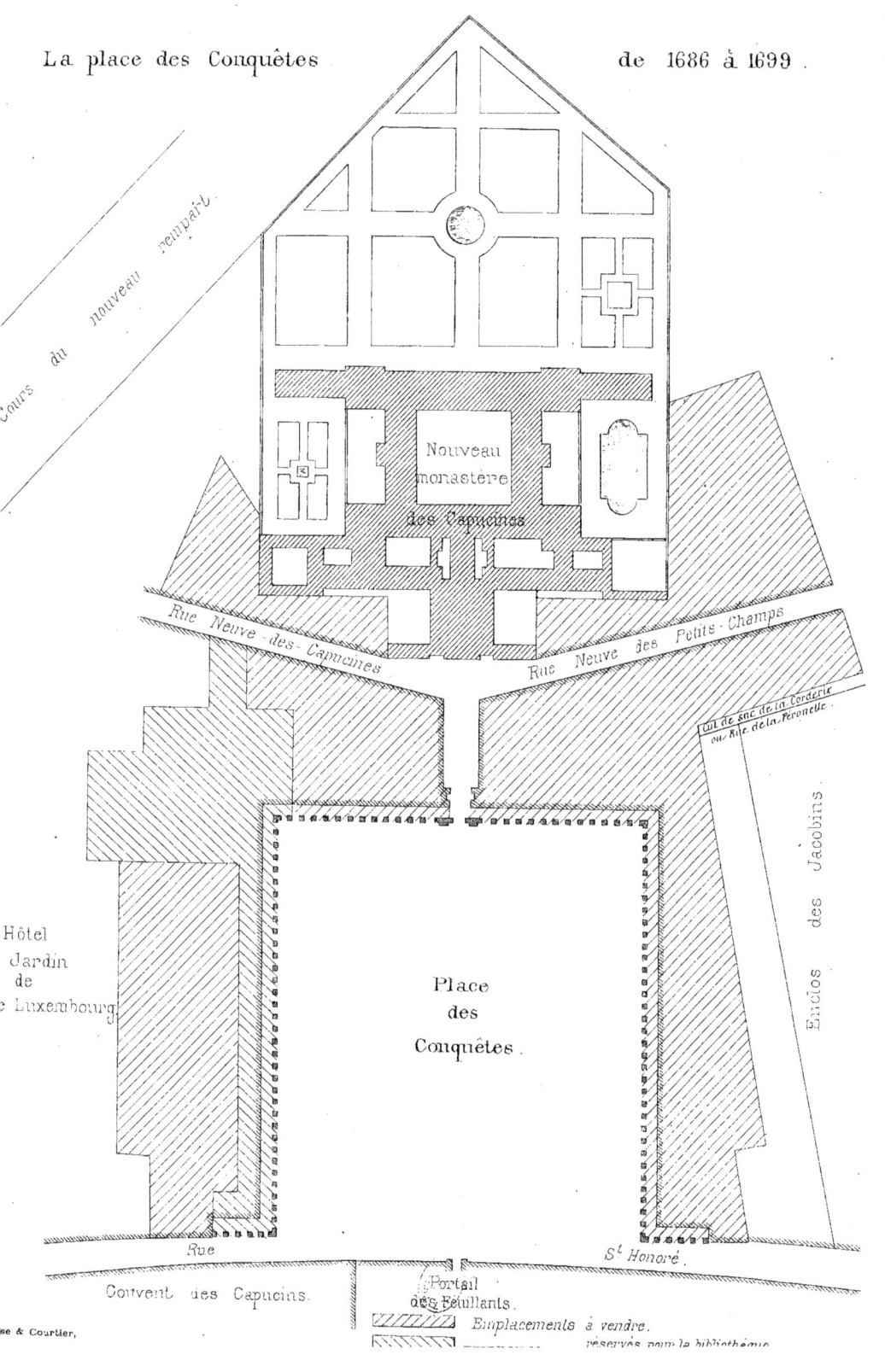

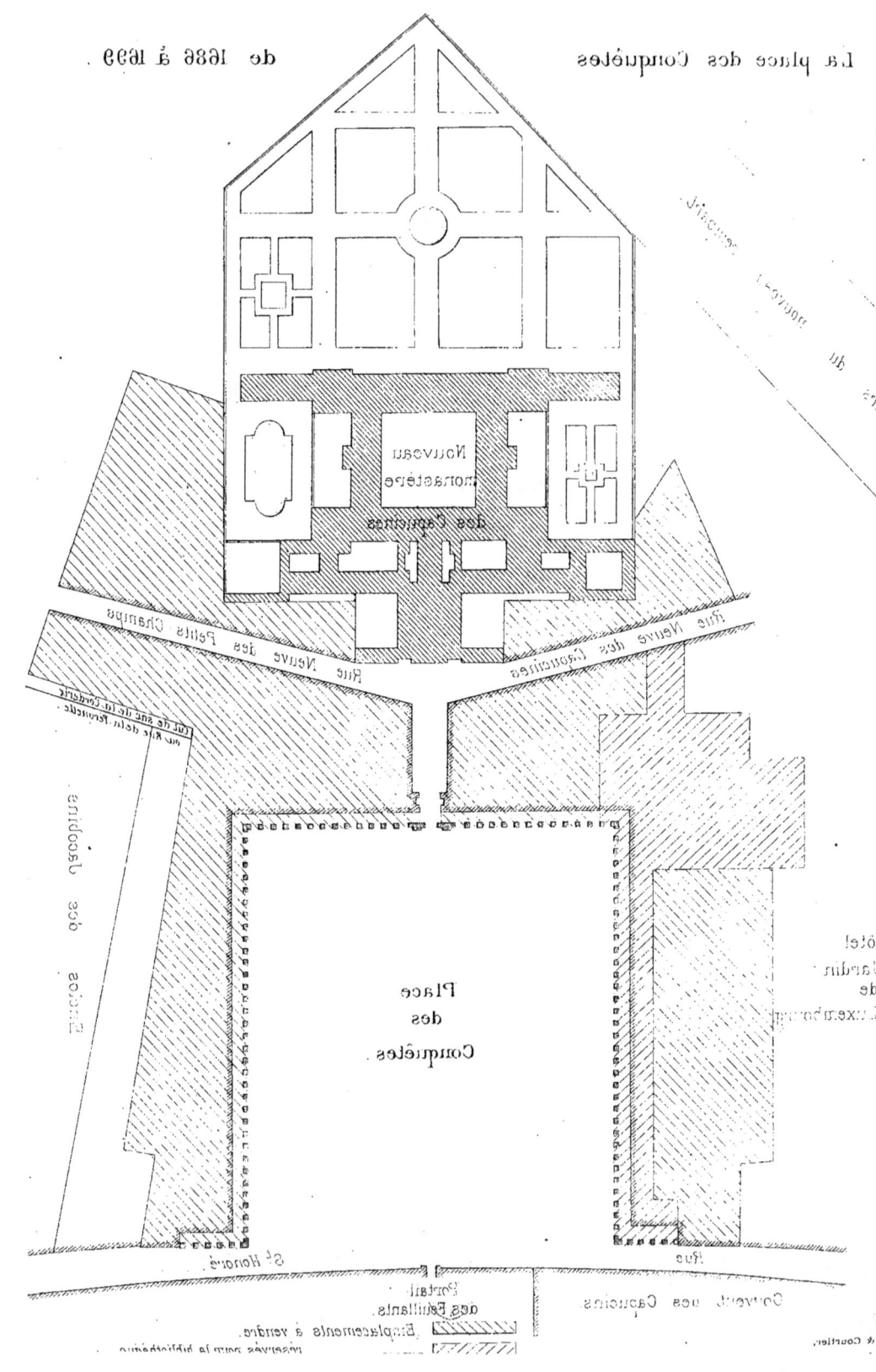

Les Capucines et l'Hôtel Vendôme de 1604 à 1685.

I

PLACE VENDÔME

Dès le xive siècle, alors que la porte Saint-Honoré fermait Paris à la hauteur de la place actuelle du Théâtre-Français, le chemin conduisant au Roule commença à se garnir de constructions, qui peu à peu formèrent le faubourg Saint-Honoré. Le nouveau quartier se développa rapidement, lorsque Charles IX eut formé le dessein d'étendre les limites de la ville et d'y enfermer le château des Tuileries récemment construit par sa mère, et surtout lorsqu'en 1566 il eut commencé l'enceinte bastionnée, qui devait être substituée à la muraille bâtie par Charles V deux siècles auparavant.

Sur l'emplacement qu'occupe de nos jours la place Vendôme, le chancelier Duperron avait fait élever un hôtel avec communs et jardins assez étendus. Cette propriété, achetée par le duc de Retz, passa, au mois de janvier 1603, des mains de la duchesse dans celle de son fils, Pierre de Gondi, évêque de Paris, qui s'en défit, au mois de juillet suivant, en faveur de la marquise de Maignelai, sa sœur. Le jour même elle fut achetée, avec plusieurs terrains environnants, par Françoise de Lorraine, duchesse de Mercœur[1], qui s'y fit construire un nouvel hôtel et, le 29 juin 1604, posa, dans la partie ouest, la première pierre d'un couvent

---

1. « Il fallut, dit Sauval, que cette princesse usât de toutes ces intrigues, pour tirer l'hôtel des mains de la duchesse de Retz, qui ne voulait point absolument qu'il passât à la maison de Mercœur, tant elle lui était en aversion, quoique sans raison, ou du moins mal fondée. »

destiné aux Capucines ou Filles de la Passion[1]. L'hôtel de Mercœur, dont les bâtiments se développaient sur le pourtour de deux grands rectangles juxtaposés le long de la rue du Faubourg-Saint-Honoré, était de construction élégante[2] et ses jardins s'étendaient jusqu'aux boulevards actuels; il passa dans la maison de Vendôme, par le mariage de Françoise de Lorraine, fille unique du duc de Mercœur, avec César Monsieur, duc de Vendôme, fils légitimé de Henri IV et de Gabrielle d'Estrées.

Louvois, succédant à Colbert, en 1683, dans la surintendance des arts et bâtiments, voulut signaler son ministère par la construction de quelques monuments remarquables. Il inspira à Louis XIV la pensée de faire ouvrir une grande place facilitant les communications entre les rues neuves Saint-Honoré et des Petits-Champs et lui proposa d'acheter, à cet effet, l'hôtel de Vendôme[3]. Cette habitation était alors fort négligée par son nouveau propriétaire, le petit-fils du duc César[4]. Le marché fut conclu le 4 juillet 1685[5] et l'hôtel rasé deux ans après. Mais comme le couvent des Capucines gênait l'exécution du projet, on dut, tout d'abord, bâtir pour les religieuses un nouvel asile au nord des rues des Petits-Champs et des Capucines, dont le tracé actuel date d'ailleurs de cette époque. L'église du couvent, dessinée par l'architecte Ocbay, fut assise sur l'emplacement qu'occupe aujourd'hui le bas de la rue de la Paix et présenta son portail, pendant plus d'un siècle, en face du débouché nord de la place[6].

1. Vingt mille écus d'argent parisis devaient être consacrés à cette fondation, en exécution d'une clause du testament fait en faveur de la duchesse de Mercœur, par sa tante, la reine Louise de Lorraine, douairière de France.
2. Ainsi qu'en témoigne la reproduction, jointe à cette notice, d'une gravure du temps représentant le pavillon principal de l'hôtel.
3. C'est là l'origine du nom qui fut donné tout d'abord à la place Vendôme, et qui survécut aux autres appellations imaginées successivement à diverses époques.
4. Le nouveau duc de Vendôme, gouverneur de Provence, vivait généralement au Temple avec son frère, le grand prieur de France.
5. Tout l'immeuble fut payé 660.000 livres.
6. Dès 1689, les Capucines étaient installées dans leur nouveau couvent. On admirait dans leur église les tableaux de Jouvenet, de Restout, d'Antoine Coypel, à côté des tombeaux élevés pour le marquis de Louvois, et plus tard pour la marquise de Pompadour et pour sa fille, Alexandrine Lenormand d'Étioles. Une des chapelles attirait tout particulièrement la cour et la ville : le duc Charles II de Créqui, prince de Poix, gouverneur de Paris, et frère aîné du maréchal de Créqui, duc de Lesdiguières, avait, pendant sa fameuse ambassade à Rome, reçu du pape Alexandre VII des ossements de saint Ovide, qui, donnés aux Capucines en 1665, furent déposés dans la nouvelle église, où la famille de Créqui s'était réservé une chapelle sépulcrale.

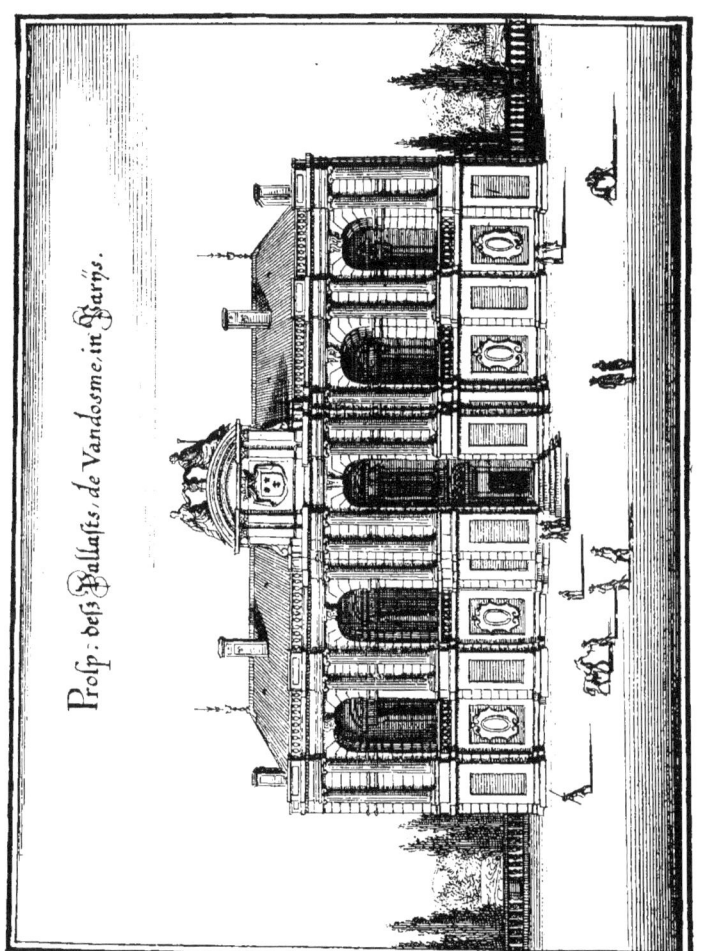

Prosp: deß Pallasts de Vandosme in Parys.

Quant à la place elle-même, qui, sous le nom de place des *Conquêtes*, devait former un grand carré de 78 toises de large sur 86 de long, elle n'avait, à proprement parler, que trois faces, l'entrée du côté de la rue Saint-Honoré restant ouverte dans toute sa largeur ; au milieu de la face opposée, un arc monumental donnait accès du côté du couvent des Capucines. La disposition architectonique, analogue à celle de la place actuelle, se composait d'un grand ordre ionique, encadrant les fenêtres de deux étages, et élevé lui-même sur un rez-de-chaussée formant soubassement à refends et percé d'ouvertures en plein cintre. Nous la trouvons ainsi représentée sur une belle gravure du Cabinet des estampes, accompagnant l'almanach de 1700 et reproduite ci-joint.

Une partie des bâtiments qui devaient former le pourtour de la place étaient destinés à recevoir la bibliothèque du roi, les différentes Académies, les hôtels des monnaies et des ambassadeurs extraordinaires. Les autres emplacements, une fois la façade construite, auraient été vendus à des particuliers, sous les conditions fixées par l'arrêt du Conseil du 2 mai 1686 et notamment « à la charge de bien et duement entretenir le d. mur de face, de la manière dont il sera construit, sans y rien changer, ni adjouter qui puisse en altérer la cymetrie, ni être veu de la d. grande place ».

La mort subite de Louvois, survenue en 1691, suspendit l'exécution déjà fort avancée de ce grand projet, qui fut définitivement abandonné quelques années après. Le 7 avril 1699, le roi, dont les finances commençaient à être obérées, offrit les emplacements acquis en 1685, les constructions élevées et les matériaux rassemblés, à quiconque se chargerait de faire construire, au même endroit, une place octogonale, d'après les dessins de Mansard, et de faire, en outre, bâtir à ses frais, au faubourg Saint-Antoine, un hôtel pour la seconde compagnie de mousquetaires. La Ville accepta ce traité, donna à la nouvelle place le nom de *Louis-le-Grand*, et rétrocéda ses droits et obligations, le 10 mai suivant, à un sieur Masneuf, moyen-

---

Ces reliques, on ne sait pourquoi, devinrent très populaires : l'affluence des visiteurs fut telle que des marchands de toutes sortes et des baladins s'installèrent su la place Vendôme, aux abords de l'église. Telle fut l'origine de la foire de Saint-Ovide, qui se tint sur cette place jusqu'en 1771, et du nom de Saint-Ovide donné à la rue Neuve-des-Capucines dans un certain nombre de documents du xviiie siècle.

A propos de la famille de Créqui, il convient de rappeler que, quelques années après la mort du duc Charles, l'hôtel de Créqui occupait le pan coupé ouest de la place Vendôme actuelle, pan coupé où sont installés aujourd'hui le général commandant la place de Paris, et son état-major, dans les bâtiments construits en 1703 par Mansard II.

nant la somme de 620.000 livres et en fixant le 1ᵉʳ octobre 1701 comme terme de l'exécution des travaux.

Sans attendre que la transformation de la place fût complète, on posa en son milieu, le 13 août 1699, sur un piédestal de marbre blanc, une statue équestre de Louis XIV, exécutée par François Girardon et mesurant 21 pieds de hauteur[1].

En 1701 les façades de la place sont toutes élevées, et les sculptures, exécutées de la main ou sous la direction de Pouletier, de l'Académie royale, sont terminées. Les terrains en arrière sont alors vendus, pour la plupart, à de riches financiers, qui s'y font construire des hôtels somptueux par les architectes les plus distingués[2].

C'est naturellement sur cette place, qui, dès l'abord, parut réservée à l'opulence, que Law vint chercher une installation confortable, pendant que la foule envahissait la rue Quincampoix et ses bureaux de la rue Neuve-des-Petits-Champs ; mais les spéculateurs ne tardèrent pas à poursuivre, jusqu'à son hôtel, le nouveau contrôleur général des finances. A la suite du crime du comte de Horn, et de scandales de toutes sortes, la rue Quincampoix avait été fermée, et l'édit du 28 mars 1720 défendait, mais en vain, aux agioteurs de s'assembler « en aucuns lieux ». Pourchassés par le guet, ils ne continuèrent pas moins à négocier, et, dès le commencement de juin de la même année, il fallut leur ouvrir un asile légal sur la place Louis-le-Grand.

C'est alors que ce quartier solitaire vit tout à coup une agitation extraordinaire : quantité de tentes se dressent comme par enchantement, en face même du palais du Chancelier. Sous ces abris improvisés, les joueurs accourent de toutes parts : on y vend des actions contre des billets,

---

1. Le grand roi était représenté (voir la gravure jointe à la notice) dans un costume romain, à peu près semblable à celui de la statue de la place des Victoires, œuvre de Bosio. Les 60.000 livres de bronze, dont la statue était formée, furent coulées d'un seul jet par Jean-Balthazar Keller, le 1ᵉʳ décembre 1692. Les faces du piédestal, ornées de bas-reliefs en bronze doré, portaient des inscriptions latines rappelant les grandes actions du monarque, et exprimant particulièrement, disent les chroniques du temps, la reconnaissance de la ville de Paris pour les bienfaits dont il l'avait comblée : trente ans après, elles furent de nouveau enrichies de cartels et de trophées, également en bronze doré, dus au ciseau de Coustou le jeune.

2. On remarque entre autres celui qui fut construit avec autant d'art que de luxe, par Bullet, architecte du roi, pour le financier Crozat l'aîné. Il porte aujourd'hui le n° 17 et appartient au baron de Schickler.

des billets contre des espèces ou contre des marchandises, bijoux, meubles, voitures, chevaux, etc., abandonnés par les agioteurs ruinés. C'est une vraie foire, où l'on trafique des dépouilles des Mississipiens ; aussi le public la nomme-t-il « le Mississipi renversé ». On y coudoie les spéculateurs de toutes les provinces françaises et de toutes les nations de l'Europe, ajoutant au tableau la piquante variété des costumes et des accents. La curiosité et la mode y attirent les belles dames, les aventurières et les femmes galantes ; on mange, on boit, on joue. Pendant trois mois ce fut le tumulte et l'aspect d'un camp au lendemain d'une victoire ; les plaisants nommaient cet établissement le « camp de Condé[1] ». Law, mécontent, finit par faire évacuer la place, et le commerce des papiers alla chercher un dernier refuge à l'hôtel de Soissons, chez le prince de Carignan.

Vingt-cinq ans après, en 1745, une foule moins passionnée et plus joyeuse se presse dans d'élégants pavillons dressés de chaque côté de la statue de Louis XIV. Ce sont les « bals de bois », où Paris fête le mariage du Dauphin avec Marie-Thérèse d'Espagne. Puis en 1747, sur la même place, défilent les chars des « fêtes roulantes » données à l'occasion du nouveau mariage du même prince avec Marie-Josèphe de Saxe, qui devait mettre au jour le roi Louis XVI.

En 1778, la cour et la ville se portent encore à la place Louis-le-

---

[1]. Un matin, on trouva placardé aux quatre coins de la place l'ordre du jour suivant, piquante allusion aux personnes de qualité les plus compromises dans le système, en commençant par le duc de Bourbon.

CAMP DE CONDÉ

ÉTAT-MAJOR.

MM. le Duc, généralissime.
le maréchal d'Estrées, général.
le duc de Guiche, commandant les troupes auxiliaires.
le duc de Chaulnes, lieutenant général.
le duc d'Antin, intendant.
le duc de la Force, trésorier.
le marquis de Lassé, grand prévôt.
le prince de Léon, greffier.
Simarcon et Dampierre, archers.
Lafaye, secrétaire de M. le Duc, bourreau.
l'abbé de Coëtlogon, aumônier.
Law, médecin empirique.
les directeurs de la Banque, maraudeurs et piqueurs.

VIVANDIÈRES.

MM^{mes} de Vérue, à la suite du régiment de Lassé.
de Prie, — de Condé.
de Locmaria, — de Lambert.
de Parabère, — d'Orléans.
de Sabran, — de Livry.
La femme Chaumont, à la suite du camp volant.

FILLES DE JOIE.

MM^{mes} de Monastéral.
de Gié.
de Nesle.
de Polignac.
de Saint-Pierre.

Grand : c'est à l'ancien hôtel du financier Bouret[1] que la foule vient se presser autour des baquets de Mesmer[2].

En 1782, le dépôt des chartes, fondé par M. de Miromesnil, est établi dans l'hôtel qui porte aujourd'hui le n° 25 ; mais, pendant tout le cours du xviiie siècle, la place tout entière est pour ainsi dire accaparée par la haute finance. A la fin du règne de Louis XVI, on n'y compte pas moins de treize banquiers, fermiers ou receveurs généraux.

La Révolution éclate et emporte rapidement ce luxe éphémère ; dans les hôtels abandonnés par les traitants, on forge des piques, et la place prend le nom de *Place des Piques*, qu'elle conserve, officiellement du moins, jusqu'à l'avènement de Napoléon[3].

Le 16 août 1792, la statue de Louis XIV est renversée, et sur son piédestal, couvert de couronnes civiques, on établit, le 24 janvier suivant, le lit de parade sur lequel sera exposé le corps nu et sanglant du conventionnel Le Pelletier de Saint-Fargeau, vis-à-vis de l'hôtel habité autrefois par son père et son grand-père[4].

1. Bouret venait de mourir insolvable, après avoir dévoré quarante-deux millions. Aussi flatteur que prodigue, ce financier reçut chez lui tous les grands seigneurs et le roi lui-même, et réussit à obtenir, du duc d'Aiguillon, la croix de Saint-Louis, exclusivement réservée jusqu'alors aux services militaires ; c'est au sujet de cette dernière faveur que fut composée l'épigramme suivante :

> D'un ordre militaire, on décore un traitant :
> A quel titre obtient-il ce ruban éclatant ?
> Quels sont donc les exploits de sa valeur insigne ?
> De la croix, par quel sang versé,
> Aujourd'hui s'est-il rendu digne ?
> — Eh ! comptez-vous pour rien celui qu'il a sucé ?

2. Le docteur Mesmer était arrivé de Vienne avec des théories surprenantes sur le magnétisme animal, et précédé d'une réputation plus surprenante encore. Malgré l'opposition de l'Académie des sciences et de la Société royale de médecine, cet habile étranger parvint à fonder la société de l' « Harmonie », et à se procurer des capitaux relativement considérables. Tout le monde voulait voir ses fameux baquets, avec lesquels, selon la légende d'une gravure du temps, il prétendait guérir « paralysie, hydropisie, goutte, scorbut et surdité accidentelle, tout en recommandant la gaieté et ce qui peut l'inspirer ».

3. Dans le cours du xviiie siècle, jusqu'à la Révolution, la place était appelée indistinctement place Vendôme, place des Conquêtes ou place Louis-le-Grand.

4. Suivant les chroniques du temps, les citoyens se pressèrent en foule autour de la victime de l'ancien garde du corps Pâris, et transportèrent solennellement ses restes

REPRESENTATION DE LA STATUE DE SA MAJESTÉ

Eslevée dans la Place de LOUIS LE GRAND le 13. Aoust. 1699.

Sur les dessins de Monsieur Mansart Sur-Intendant des Bastimens du Roy. Executé par M. Girardon et fondue par Keler Sous la direction de Mons. de Coste Architecte ordinaire du Roy.

Vers la même époque, on projeta de remplacer la statue par un obélisque en granit des Vosges, avec quatre pavillons entourés de jardins publics. Ce projet ne fut pas plus réalisé que celui d'un Grand Théâtre des Arts, qui devait être construit sur l'emplacement du couvent des Capucines [1]. Les anciens bâtiments de ce couvent subsistèrent jusqu'à l'ouverture, en 1806, de la rue Napoléon, qui devint plus tard la rue de la Paix. Pendant cette période, la place, presque déserte et envahie par la végétation au point de permettre à un savant académicien d'écrire la *Flore de la place Vendôme*[2], resta privée de toute décoration.

C'est seulement le 25 août 1806 que les architectes Lepère et Gondoin commencèrent la construction de la colonne d'Austerlitz, qui décore actuellement la place. Si l'on en croit certaine légende, déjà douze ans auparavant, le chef d'escadron Bonaparte avait rêvé d'élever sur cet emplacement un monument rappelant la colonne Trajane [3]; plus tard, devenu empereur, il fit étudier, par l'architecte Thierry, un projet de

au Panthéon, en formant un long cortège, dont l'ordonnance avait été réglée par Chénier.

1. Dès 1790, le couvent des Capucines avait été supprimé, et les bâtiments affectés à la fabrication des assignats, sous la direction de M. Taillepied de Bondy, que nous retrouverons plus tard installé dans l'hôtel portant le n° 9 de la place Vendôme, en qualité d'intendant général de la liste civile de la monarchie de Juillet. Les jardins des religieuses devinrent un lieu de plaisir : c'est là que fut établi le premier panorama ; c'est là aussi que les Franconi se montrèrent pour la première fois.

2. Plusieurs historiens rapportent que L'Héritier de Brutelle 1746-1800), un des botanistes les plus distingués du siècle dernier, enfermé sous la Terreur dans sa propre maison située place Vendôme, mais autorisé à se promener sur cette place, sous la surveillance de deux gardiens, profita de ses loisirs pour écrire la « Flore de la place Vendôme ». Cette étude ne paraît pas avoir été imprimée, car elle ne se trouve dans aucune des bibliothèques publiques de Paris. Il résulterait même d'une note insérée en 1882 dans « l'Intermédiaire des chercheurs et des curieux », que ce travail n'a pas été retrouvé dans la bibliothèque de M. de Candolle, dépositaire des manuscrits de L'Héritier.

3. D'après M. Émile Marco de Saint-Hilaire, un soir M. d'Augeranville avait réuni chez lui son beau-frère Berthier, Bonaparte et d'autres officiers supérieurs ; après le dîner on alla prendre des glaces à Frascati ; en débouchant sur la place Vendôme, alors sombre et déserte, Bonaparte s'arrêta, et, s'adressant à M. d'Augeranville :

— Mon général, lui dit-il, votre place est superbe ; mais il lui faudrait un centre et un peuple. Telle qu'elle est à présent, ce n'est qu'une belle femme sans âme.

— Le règne des statues est passé, répondit M. d'Augeranville, et je ne vois pas trop, mon cher commandant, ce qu'on pourrait mettre là.

— Une colonne, comme celle de Trajan, à Rome, reprit Bonaparte, ou bien un sarcophage immense, destiné à contenir les cendres des grands capitaines de la République.

colonne en fonte dédiée à Charlemagne ; la campagne de 1805 fournit à propos 1.200 canons russes et autrichiens, 1.800.000 livres de bronze, et la trame d'une glorieuse épopée.

La construction dura quatre ans, et c'est en 1810 seulement que la colonne fut couronnée de la statue, œuvre de Chaudet, représentant l'empereur en César romain, tenant une Victoire dans sa main [1].

Elevée par Napoléon à sa gloire et à celle de ses armées, la colonne, par une singulière ironie de la destinée, prit, elle aussi, le nom du bâtard de Henri IV. Elle devait d'ailleurs traverser bien des vicissitudes : monument éloquent de nos victoires, elle eut à subir le contre-coup de toutes nos infortunes.

Moins de quatre ans après l'achèvement de la colonne, la statuette de la Victoire est dérobée ; la statue elle-même, voilée d'abord d'une large serpillière, est enlevée [2] le 8 avril 1814, et pendant quinze ans le dra-

— Votre idée est bonne, dit à son tour Mme d'Augeranville, moi je pencherais pour une colonne.

— Et vous l'aurez un jour, madame, répondit en souriant Napoléon, que le voisinage de la belle Mme Tallien, à laquelle il donnait le bras, rendait plus expansif que d'habitude ; vous l'aurez. Seulement, laissez-nous, Berthier et moi, devenir généraux en chef.

1. Un grand nombre de sculpteurs furent employés au modelage des bas-reliefs qui décorent le fût de la colonne ; mais, pour donner à l'œuvre l'unité désirable, l'esquisse fut d'abord dessinée en entier par le peintre Bergeret, sous la direction de M. Denon.

2. Dès le lendemain de l'entrée des alliés à Paris, d'énormes câbles furent attachés à la tête de la statue, et tirés par plusieurs chevaux ; mais on ne parvint pas à l'ébranler, bien qu'au préalable on eût attaqué les jambes à coups de burin, un peu au-dessus des chevilles. Cet insuccès ne découragea pas les fanatiques réactionnaires ramenés par l'étranger. Le 3 avril 1814, M. de Montbadon, muni des pouvoirs de MM. de Polignac et de Sémallé, commissaires du comte d'Artois, se met à la recherche de J.-B. Launay, qui avait non seulement fondu la statue, mais encore l'avait mise en place ; malgré sa résistance, ce citoyen est enlevé à son poste de garde national, et conduit place Vendôme à l'état-major de l'empereur de Russie, où il reçoit l'ordre suivant :

En exécution de l'autorisation donnée par nous à M. de Montbadon de faire descendre à ses frais la statue de Bonaparte, et sur la déclaration du dit sieur de Montbadon, que M. Launay, demeurant à Paris, n° 6, place Saint-Laurent, faubourg Saint-Denis, et auteur de la fonte du bronze du monument de la colonne, est seul capable de faire réussir la descente de cette statue ;

Ordonnons au dit Launay, sous peine d'exécution militaire, de procéder sur-le-champ à la dite opération, qui devra être terminée mercredi 6 avril, à minuit.

Au quartier général de la place, le 4 avril 1814.

Le colonel, aide de camp de S. M. l'empereur de Russie, commandant la place,

Signé : DE ROCHECHOUART.

LA PLACE VENDOME EN 1887.

peau blanc aux armes de France, surmonté d'une énorme fleur de lis, flotte au sommet du monument.

Le 8 avril 1831, une ordonnance du roi Louis-Philippe prescrit le rétablissement de la statue de Napoléon. Cette mesure est chaudement accueillie par les partisans de l'empire ; des bandes d'anciens soldats se portent journellement au pied de la colonne, et manifestent leur enthousiasme par les cris de : « Vive l'empereur ! »

C'est pour disperser ces attroupements que le maréchal Lobau eut l'ingénieuse idée, qui, plus que ses brillantes campagnes, fixera son nom dans la mémoire des Parisiens [1].

La nouvelle statue fut inaugurée le 28 juillet 1833 [2]. Elle représentait

---

Launay implore en vain l'intervention de l'état-major français, installé à l'angle opposé de la place ; là on décline toute compétence, et on le renvoie au préfet de police, qui confirme l'ordre, en y ajoutant la mention:

A exécuter sur-le-champ.

Signé : Pasquier. »

La garde nationale faisait le service au pied du monument; on la remplace par des soldats russes, et l'opération, commencée immédiatement, est terminée le vendredi saint, 8 avril, à six heures du soir, aux cris de : « Vive le roi ! vive Louis XVIII ! »

La statue, transportée dans l'atelier de Launay, en garantie des 80.000 francs qui lui étaient encore dus, fut remise pendant les Cent-Jours à M. Denon, directeur général des musées impériaux, et fut plus tard employée à la fonte de la statue élevée à Henri IV, sur le terre-plein du Pont-Neuf.

M. de Montbadon, dont il vient d'être parlé, est probablement Laurent de la Faurie, comte de Monbadon ou de Montbadon, ancien colonel au 2ᵉ régiment d'Auvergne, émigré, nommé maréchal de camp honoraire le 10 mars 1815. Il habita à cette époque le n° 18 de la place Vendôme.

Le comte de Rochechouart, nommé maréchal de camp le 14 juillet 1814, reprit le commandement de la place de Paris le 12 octobre 1815 et le conserva jusqu'en 1822, occupant pendant toute cette période l'hôtel de la place Vendôme, n° 7.

1. Le 5 mai, jour anniversaire de la mort de Napoléon, les groupes réunis au pied de la colonne sont plus nombreux que les jours précédents. Ordre est donné de les disperser. Le général Mouton, comte de Lobau, qui avait remplacé La Fayette dans le commandement de la garde nationale, après s'être concerté avec le futur préfet de police, Gabriel Delessert, appelle les pompiers de la rue de la Paix, et fait jouer les pompes sur les manifestants. En peu d'instants la place est dégagée. On raconte que la reine Hortense, traversant alors la France, incognito, avec son fils malade, et descendue place Vendôme, fut témoin de cet incident, qui n'avait d'ailleurs aucune relation avec sa présence à Paris.

2. Cette statue, modelée par E. Seurre, avait été fondue par Crozatier, avec le bronze des canons pris à Alger. Elle fut inaugurée par le roi, en présence de l'armée,

Napoléon dans le costume que la gravure a rendu populaire. Néanmoins le second empire y substitua, le 4 novembre 1863, une reproduction de l'œuvre de Chaudet [1].

En 1871, la place Vendôme, où étaient installés à la fois l'état-major général de la Commune et celui de la place, est organisée comme réduit de la résistance dans Paris [2]. Des barricades armées d'artillerie sont construites aux deux débouchés de la place. Sur la proposition de Courbet, le renversement de la colonne avait été mis à prix, et, six jours avant l'entrée des troupes, le 16 mai, à cinq heures et demie du soir, l'énorme masse s'abat sur un lit de fumier et de fascines, en présence du général Bergeret et d'autres membres de la Commune, réunis sur le balcon du ministère de la justice [3].

Deux ans après, la loi du 20 mai 1873 ordonna la reconstruction du monument, tel qu'il était au moment de sa chute : le travail ne fut terminé qu'en 1875 [4].

---

de la garde nationale et d'une foule considérable, aux cris mêlés de : « Vive l'empereur! » et de « Vive le roi ! »

1. La maquette était de Dumont; la statue avait été fondue par Thiébaut.
2. L'état-major de la Commune s'était installé dans l'hôtel portant le n° 22, qui forme le pan coupé est de la place, et qui avait été, pendant de longues années, affecté à l'état-major de la garde nationale. L'état-major de la place de Paris avait continué à occuper le n° 7.
3. Dans ce dernier acte, comme dans tout le drame de la Commune, le burlesque se mêle au tragique. Les détails d'exécution furent arrêtés et les prix débattus dans un café, en présence d'une actrice bien connue, qui toucha la plus grande partie de la somme fixée; après la prise de Paris, l'argent fut mangé, dit-on, en compagnie de l'un des représentants les plus ardents du parti bonapartiste.
4. La dépense de la reconstruction s'éleva à 320.000 francs.

STATUE INAUGURÉE SUR LA PLACE VENDÔME
Le 28 juillet 1833.

II

HÔTEL DE M. LE GOUVERNEUR MILITAIRE DE PARIS

(PLACE VENDÔME, N° 9)

ORS du morcellement des terrains acquis par Louis XIV, en 1685, pour la construction de la place des Conquêtes, l'emplacement occupé aujourd'hui par les hôtels du gouvernement militaire de Paris, et de l'état-major de la place, tomba entre les mains de Jules *Hardouin-Mansard,* comte de Sagon, surintendant des bâtiments, arts et manufactures de France, à qui l'on doit, outre la place Vendôme, quantité de monuments remarquables[1], et dont l'oncle, François Mansard, s'était déjà illustré dans l'art de bâtir, par le portail des Feuillants, situé en face du débouché sud de la place Louis-le-Grand, et surtout par le château de Blois.

Le 1er février 1707, Mansard vend l'emplacement des deux hôtels à sa fille et à son gendre, messire Claude *Lebas de Montargis,* qui se bornent à élever l'hôtel portant aujourd'hui le n° 7[2] ; le terrain voisin,

---

1. Parmi les monuments remarquables construits par Mansard, il convient de citer l'hôtel des Invalides et les châteaux de Versailles, de Trianon, de Marly, de Lunéville, de Dampierre, etc.

2. L'hôtel de la place Vendôme, n° 7, est porté, sur l'un des plans ci-joints, comme occupé au commencement du XVIIIe siècle par le duc de Créqui ; mais il n'appartint jamais à la famille du duc. D'après les titres de propriété, des mains d'Anne-Charlotte Lebas de Montargis, veuve du marquis d'Arpajon et héritière de Claude Lebas, l'immeuble passa successivement à Nicolas Dedelai de Lagarde, puis à sa veuve Élisabeth de Ligniville, devenue comtesse de Polercski de Polercska, et à son petit-fils Louis Dedelai de Blancmesnil, et enfin en 1823, à la famille Claret de Fleurieu, qui le vendit à l'État à la suite d'un jugement d'expropriation du 16 avril 1861. L'hôtel était du

compris entre le pan coupé ouest de la place et la Chancellerie, est revendu encore nu (sauf, bien entendu, les façades terminées en 1701, comme il a été dit plus haut), le 14 décembre 1708, à Jean-Bonaventure Lelay, seigneur de *Villemaré,* qui fait enfin construire, tel qu'il est aujourd'hui, l'hôtel, objet de cette notice [1].

Le fils de M. de Villemaré, Jean-Bonaventure Lelay, comte de *Guébriant,* nommé ministre plénipotentiaire du roi auprès de S. A. S. et autocrate de Cologne, loue l'hôtel à M. de Villette, trésorier général et extraordinaire des guerres, puis, le 22 avril 1750, le vend à François-Balthasar *Dangé* [2], écuyer, conseiller, secrétaire du roi, maison et couronne de France, plus tard fermier général.

Par héritage, l'hôtel passe ensuite entre les mains de son neveu, messire René-François-Constance *Dangé d'Orsay,* maréchal des camps et armées du roi, lieutenant du roi en la ville de Loches, lequel le cède pour 300.000 livres, le 27 juin 1778, à Philippe-Laurent de *Joubert,* baron de Sommières et de Montredon, trésorier général des États de Languedoc [3].

La Révolution jeta le trouble dans les affaires du nouveau propriétaire, qui avait avancé près d'un million à divers prélats [4], et prêté plu-

reste affecté depuis près de cinquante ans à l'état-major de la place de Paris. Louis Dedelai, ou plutôt son conseil judiciaire, car il était interdit depuis 1806, avait loué l'immeuble au département de la guerre, le 1er avril 1812, au prix de 12.000 francs par an. Le loyer fut porté à 23.200 francs, lors du renouvellement du bail avec M. de Fleurieu, le 1er décembre 1823.

1. Lefeuve, l'historien des anciennes maisons de Paris, attribue les plans de l'hôtel à Bullet; mais les erreurs fourmillent dans l'ouvrage de Lefeuve, surtout dans la partie relative à la place Vendôme; on n'a d'ailleurs trouvé aucune confirmation de l'assertion.

2. Le contrat de vente stipulait 230.000 livres pour l'immeuble, et 30.000 livres pour les glaces, tableaux et ornements.

3. M. de Joubert était non seulement un homme de finance, mais encore un amateur éclairé d'antiquités et d'œuvres d'art, une sorte de Mécène, encourageant et secourant les artistes. Il fit dessiner et graver les chefs-d'œuvre de sculpture du palais Pitti, et les réunit, sous le titre de « Galerie de Florence », en une magnifique publication, qui fut terminée par ses héritiers en 1813; il s'occupait en outre de sciences naturelles, écrivit sur ce sujet plusieurs mémoires pour l'Académie des sciences, dont il était correspondant, et avait formé, dans son hôtel de la place de Vendôme, un cabinet d'histoire naturelle assez remarquable.

4. L'archevêque de Narbonne figurait à lui seul sur la liste des débiteurs pour une somme de 720.000 livres; en outre, 270.000 livres étaient dues par les évêques d'Alais, Toulouse, Nîmes, Papoul, Fréjus, Lombez, Vaizons et Comminges.

sieurs centaines de mille livres à des émigrés, de telle sorte que, lorsqu'il mourut, le 30 mars 1792, sa succession se trouva redevable envers le Trésor de 3.108.213 livres 7 sols 1 denier, couverts en grande partie par des créances d'un recouvrement difficile, sinon impossible.

La liquidation, entravée par la mort du fils de M. de Joubert et par diverses mesures de législation relatives à l'administration des biens des comptables, traîna en longueur, et l'hôtel de la place des Piques, dégarni de ses meubles, vendus pour la plupart, resta inoccupé. Enfin une transaction intervient, le 24 germinal an II, entre les héritiers et les commissaires de la Trésorerie, et est approuvée deux jours après par la Convention. Aux termes de cet acte, l'hôtel de Joubert est abandonné au domaine national pour la somme de 300.000 livres, à laquelle l'immeuble avait été estimé lors de son acquisition, en 1778, par M. de Joubert.

Devenu propriété de l'État, l'hôtel, désigné successivement dans les documents du temps sous les n°s 21 et 104 de la place des Piques[1], est d'abord occupé, pendant deux ans, par une partie des bureaux de la Direction générale de la liquidation de la dette publique[2]. En l'an V, tout ce service est réuni dans l'hôtel[3], qui, à partir de l'an VII et jusqu'à l'an X,

---

[1]. Avant la Révolution, le système adopté pour le numérotage des maisons consistait à suivre d'abord tout un côté de la voie publique, en appliquant la série continue des nombres 1, 2, 3, 4... Arrivé à l'extrémité de la rue, on passait en face et on numérotait le côté opposé en continuant la même série, mais en marchant en sens inverse, jusqu'à ce qu'on fût revenu au point de départ, où le numéro le plus élevé se trouvait en face du n° 1. — Pendant la Révolution, après avoir divisé Paris en quartiers et en sections, on imagina de comprendre toutes les maisons d'une même section dans une seule série. C'est ainsi que l'hôtel du Gouverneur a pu porter le n° 104 de la section des Piques. Ce système, fort compliqué, et qui donnait lieu à des confusions inévitables, pour des rues traversant plusieurs sections, fut bientôt abandonné, pour faire place au système de numérotage en usage de nos jours.

[2]. La Direction générale de la liquidation de la dette publique était primitivement installée dans l'hôtel portant aujourd'hui le n° 15 de la place Vendôme, où elle avait remplacé la Caisse des amortissements, réunie en 1788 au trésor royal. Le citoyen L.-V. Denormandie, qui avait succédé le 23 novembre 1792 à Dufresne de Saint-Léon, comme commissaire à la liquidation, avec le titre de directeur général provisoire, réorganisa le service, conserva cinq sections près de son cabinet, au n° 15, et installa les autres au n° 9 ; lui-même habitait rue de Grammont.

[3]. La loi du 3 brumaire an IV avait donné une nouvelle extension au service de la liquidation, et constitué cinq bureaux particuliers, un bureau central de revision et un secrétariat général.

est, en outre, habité par le directeur général provisoire, le citoyen Louis-Valentin *Denormandie*.

Ce fonctionnaire est remplacé, le 19 prairial an X, par le citoyen *Defermon*[1], qui s'installa place des Piques, n° 104, avec le citoyen Crespeaux, son secrétaire général, et la première division du service, dirigée par Denormandie jeune[2].

La loi de finances du 15 janvier 1810 supprima le conseil général de la liquidation de la dette publique ; mais un sénatus-consulte du 30 du même mois ayant constitué le domaine extraordinaire de la Couronne[3], le même jour, M. Defermon, devenu comte de Fermon, fut chargé de la direction de ce nouveau service, avec le titre d'intendant général, et continua à occuper l'hôtel, qui, depuis cette époque, est souvent désigné sous le nom d'*hôtel de l'Intendance*.

A l'arrivée des alliés, le comte de Fermon rentra dans la vie privée, et un décret du 8 novembre 1814 comprit l'hôtel dans la dotation de la Couronne.

Pendant les Cent-Jours, l'ancien intendant général du domaine extraordinaire reprit son poste, comme directeur de la Caisse de l'extraordi-

---

1. M. Defermon, ancien procureur au Parlement de Bretagne, représentant du tiers état de Rennes aux États généraux, puis député à la Constituante, élu président le 19 juillet 1791, présidait également la Convention, sous le nom de citoyen Fermont, lors de l'interrogatoire du roi ; il fut plus tard membre du Comité de salut public et du Conseil des Cinq-Cents, commissaire de la Trésorerie sous le Directoire, appelé après le 18 brumaire au Conseil d'État, où il présida la section des finances pendant toute la durée du Consulat et de l'Empire, nommé le 15 novembre 1807 ministre d'État, puis comte de l'Empire, et enfin, le 30 janvier 1810, intendant général du domaine extraordinaire de la Couronne. Il est vulgairement connu dans l'administration des finances sous le nom de « Fermons-la-caisse », à cause de la rigueur qu'il montra en maintes circonstances comme directeur de la dette.

2. Le service avait été remanié encore une fois, et constitué en quatre divisions : la première comprenant la liquidation des pensions et créances de toutes natures, les dettes des émigrés et le transport des rentes perpétuelles de l'ancien livre au nouveau, était seule installée place Vendôme ; les trois autres furent transportées à Pentemont, d'où elles passèrent en 1807 aux Carmes, sur la place Maubert.

3. Le Domaine extraordinaire comprenait : « les domaines et biens, mobiliers et immobiliers, que l'empereur, exerçant le droit de paix et de guerre, acquiert par des conquêtes ou par des traités, soit patents, soit secrets ; » le souverain en disposait : « 1° pour subvenir aux dépenses de ses armées ; 2° pour récompenser ses soldats et les grands services civils ou militaires rendus à l'État ; 3° pour élever des monuments, faire faire des travaux publics, encourager les arts, et ajouter à la splendeur de l'Empire. »

naire¹ ; puis l'ordonnance du 24 juillet 1815 l'expulsa de Paris et le plaça sous la surveillance de la haute police.

Le retour du roi fit repasser l'hôtel de l'Intendance dans les biens de la Couronne ; on le mit alors à la disposition du baron d'*Arnaud de Vitrolles*² qui s'y installa, mais pour peu de temps seulement : l'hôtel allait, en effet, recevoir une nouvelle affectation officielle.

Une ordonnance du 22 mai 1816 reconstitua le domaine extraordinaire de la Couronne³, et Antoine-Philippe Dubois-Descours, marquis *de la Maisonfort*⁴, obtint la charge d'intendant général du nouveau domaine. L'hôtel reprit ainsi le nom d'hôtel de l'Intendance, qu'il con-

---

1. L'almanach royal pour 1814-1815 et le dictionnaire Bottin de 1815 indiquent, comme habitant place Vendôme, n° 9, M. Bernard-Dutreil, député de la Loire-Inférieure. Ancien juge de paix, nommé sous-préfet de Châteaubriant le 17 germinal an VIII, élu député en 1810, cet homme politique ne paraît avoir eu aucun titre officiel le rattachant au domaine extraordinaire. Il est probable qu'il avait simplement pris un pied-à-terre chez M. de Fermon, son beau-frère. Ce Bernard-Dutreil est l'aïeul et le bisaïeul des Bernard-Dutreil qui ont représenté le département d'Ille-et-Vilaine dans nos dernières assemblées.

2. Le baron de Vitrolles, qui avait joué un rôle considérable dans la première restauration, avait été peu à peu supplanté par le duc de Blacas et par l'abbé de Montesquiou, et dut se contenter des titres purement honorifiques de ministre d'État et de secrétaire du Conseil privé. A cette même époque, il faisait du reste partie de la Chambre introuvable, comme député des Hautes-Alpes.

3. Le gouvernement des Bourbons avait laissé tarir la source à laquelle s'alimentait, sous l'empire, le domaine extraordinaire de la Couronne ; mais il n'en éprouva pas moins le désir d'ouvrir une caisse, où il pût puiser à pleines mains. L'ordonnance du 22 mai 1816 reconstitua donc le domaine extraordinaire, en déclarant que cette institution serait « dorénavant étrangère au système d'invasion perpétuelle qui lui avait servi de base ».

4. Le marquis de la Maisonfort, gentilhomme émigré, s'était fait connaître par de nombreux écrits politiques et biographiques, tout en menant une vie des plus mouvementées pendant la Révolution et l'Empire. D'abord colonel au régiment de Monsieur dragons en 1792, à l'armée de Condé, il avait été envoyé en mission, comme agent des princes, en Vendée en 1799, puis en 1800 à Paris, fut arrêté, enfermé au Temple en 1802 et transporté à l'île d'Elbe, d'où il parvint à s'échapper. Passé en 1804 au service de la Russie, comme conseiller d'État, avec rang de général, il fut ministre plénipotentiaire près du duc de Brunswick en 1806, et conseiller d'ambassade à Londres en 1812. Il rentra en France avec les Bourbons, et fut nommé immédiatement chancelier provisoire de Monsieur, puis maréchal de camp le 13 août 1814, et conseiller d'État chargé du contentieux de la maison du roi. Député du Nord après les Cent-Jours, non réélu en 1817, il reçut en compensation la charge d'intendant général du domaine extraordinaire de la Couronne, charge qu'il conserva jusqu'à la réunion de ce domaine à celui de

serva jusqu'au jour où, par application de l'article 95 de la loi du 15 mai 1818, le domaine extraordinaire de la Couronne fut réuni au domaine général de l'État, pour être converti en rentes sur le Grand-Livre.

Les fonctions d'intendant général étant supprimées, le marquis de la Maisonfort quitta l'hôtel ; mais celui-ci, qui, ainsi qu'on l'a vu, était passé en 1814 dans le domaine de la Couronne, n'était pas rentré en 1816 dans le domaine extraordinaire, grâce à une réserve spéciale de l'ordonnance du 22 mai, et le roi continuait à en avoir la libre disposition ; il en fit l'*hôtel du Grand veneur*.

Le duc *de Richelieu*, nommé Grand veneur en mars 1819[1], vient habiter la place Vendôme, pendant que le premier veneur, le lieutenant général comte de Girardin, et l'administration de la vénerie sont installés près de là, au n° 26 de la rue de Luxembourg (aujourd'hui Cambon).

Le duc conserva-t-il sa charge et sa résidence dans l'hôtel, lorsqu'il reprit la présidence du Conseil, mais sans portefeuille, du 20 février 1820 au 14 décembre 1821 ? On ne peut l'affirmer ; il est toutefois probable qu'il garda l'une et l'autre jusqu'au jour où il fut frappé d'apoplexie, le 17 mai 1822.

C'est seulement le 4 août 1824 qu'on lui donne un successeur dans la personne du maréchal *Law, marquis de Lauriston*[2], qui meurt subitement le 11 juin 1828 et n'est pas remplacé.

---

l'État. Il reçut alors un nouveau dédommagement dans le poste de ministre du roi près des cours de Toscane et de Lucques.

Son fils, Maximilien Dubois-Descours, marquis de la Maisonfort, après avoir servi en Russie, entra dans les gardes du corps du roi en 1814, fit la campagne des Pyrénées, fut nommé maréchal de camp le 11 août 1830, et mourut en 1848.

1. La charge de Grand veneur était restée sans titulaire pendant plusieurs années. Le duc de Richelieu, après avoir rempli pendant plus de trois ans les délicates fonctions de ministre des affaires étrangères et de président du Conseil, et avoir, durant cette période, assuré la libération du territoire, venait de quitter le pouvoir à la suite des élections de 1818. Le roi, par ordonnance du 29 décembre de la même année, le nomma ministre d'État et membre du Conseil privé, en lui témoignant officiellement tous ses regrets, et en lui promettant de nouvelles faveurs, qui d'ailleurs ne se firent pas attendre : la loi du 2 février 1819 érigea en sa faveur un majorat de 50.000 francs de revenu à titre de récompense nationale; le mois suivant, il fut nommé Grand veneur.

2. Law de Lauriston, petit-fils de l'inventeur du Système, ancien condisciple de Bonaparte, après avoir parcouru sous l'Empire une carrière rapide et brillante, à l'armée et dans la diplomatie, fut l'objet de toutes les faveurs des Bourbons. Capitaine aux mousquetaires gris et pair de France en 1815, marquis en 1817, ministre de la maison

Quelques jours après la révolution de Juillet, le 13 août 1830, une ordonnance royale charge le comte de Montalivet, pair de France, le baron de Schonen et M. Duvergier de Hauranne, députés, de « constater l'état de l'ancienne liste civile, de pourvoir à sa conservation, d'en réduire les dépenses au seul entretien, et d'en préparer la liquidation ». Le 16 octobre suivant, M. *de Montalivet* est nommé administrateur des domaines et propriétés de la même liste civile, sous la direction du ministre des finances, avec résidence à l'hôtel de la place Vendôme, et continue, avec ses anciens collaborateurs, à préparer la liquidation.

Le 2 novembre, M. de Montalivet remplace M. Guizot au ministère de l'intérieur, et M. *Delaître,* ancien préfet de Seine-et-Oise, est chargé provisoirement de l'administration du domaine de la Couronne, dont MM. de Schonen et Duvergier poursuivent seuls la liquidation.

La loi du 2 mars 1832 distrait de la dotation de la Couronne, pour être employés ou vendus au profit de l'État, un certain nombre d'immeubles, parmi lesquels se trouve l'ancien hôtel du Grand veneur, estimé 400.000 francs ; mais ce dernier continue à être occupé par le service de la maison du roi, moyennant payement au Trésor d'un loyer annuel de 20.000 francs[1], et reprend son nom d'hôtel de l'Intendance.

En même temps, le *baron Fain,* premier secrétaire du cabinet, conseiller d'État en service extraordinaire, est appelé à remplir, par intérim, les fonctions d'intendant général administrateur de la liste civile, en remplacement du baron Delaître, nommé conseiller d'État en service extraordinaire.

En principe, la place appartient au comte de Montalivet ; aussi, le 10 octobre 1832, jour où celui-ci cède à M. Thiers le portefeuille de l'intérieur, il reprend l'intendance de la liste civile et l'hôtel de la place Vendôme. Rappelé à l'intérieur le 22 février 1836, il passe encore l'intendance au baron Fain, jusqu'au 6 septembre suivant et la reprend jusqu'au 15 avril 1837, jour où il rentre dans le cabinet Molé.

---

du roi en 1820, maréchal de France en 1823, après avoir commandé le corps expéditionnaire de l'Èbre, il fut nommé le même jour ministre d'État et Grand veneur. Le duc de Doudeauville le remplaça au ministère de la maison du roi.

1. Le bail est du 19 novembre 1832. Passé pour trois ans, il fut prorogé, par arrêté préfectoral, le 16 septembre 1834, et le 12 décembre 1838 pour six années, puis continué par tacite réconduction, jusqu'au 21 janvier 1850, jour où l'hôtel fut rétrocédé à l'État par la liquidation de l'ex-liste civile.

Cette fois, c'est le comte *Taillepied de Bondy*[1] qui prend l'intérim qu'il conserve près de deux ans; mais la position lui paraît si instable qu'il ne quitte pas son domicile personnel de la rue des Trois-Frères.

Enfin, le 31 mars 1839, la chute du ministère Molé ramène une dernière fois M. de Montalivet à la place Vendôme, qu'il ne quitte plus qu'en 1848[2].

A peine au pouvoir, le 26 février 1848, le gouvernement provisoire décrète que tous les biens de la liste civile feront retour à l'État, et, le 12 mars suivant, confie la mission d'administrer provisoirement ces biens et d'en poursuivre la liquidation à M. *Vavin*, ancien notaire, député du XIe arrondissement depuis 1839, lequel se charge gratuitement de ces délicates fonctions, et vient habiter l'hôtel de l'Intendance[3], mais pour peu de temps.

Un décret du président de la République, du 19 novembre 1849, affecte l'hôtel au service du quartier général de la première division militaire, établi alors rue de Lille, n° 1, et au mois de mars suivant[4] le général *Neumayer* s'installe place Vendôme, où il est remplacé, le 29 octobre de la même année, par le général *Carrelet*[5].

Dix jours après le coup d'État, un sénatus-consulte rétablit la liste

---

1. M. de Bondy, ancien préfet de la Seine, que l'on a vu plus haut directeur de la fabrication des assignats, au couvent des Capucines, était en 1837 pair de France et conseiller d'État en service extraordinaire, lorsqu'il fut nommé, le 17 mai, intendant de la liste civile.

2. C'est pendant cette période que le comte Marthe-Camille Bachasson de Montalivet, ancien élève de l'École polytechnique et de l'École des ponts et chaussées, put enfin s'occuper avec fruit de la liste civile. Par ses soins, le musée de Versailles fut créé, celui du Louvre agrandi, en même temps que l'on restaurait Fontainebleau, Saint-Cloud, Trianon et Pau.

3. Dès le 5 mars la liquidation avait été confiée à une commission spéciale, composée de M. Lherbette, liquidateur général et administrateur provisoire, de deux commissaires adjoints et d'un secrétaire. Cette commission n'eut pas le temps d'entrer en fonctions.

4. Du 21 janvier au 28 février 1850, on procéda à la double remise de l'hôtel par l'agent de la liquidation de la liste civile à l'administration du domaine de l'État, et par les représentants de cette dernière administration à ceux du ministère de la guerre.

5. Le général Carrelet, ancien colonel de la garde municipale, avait sous ses ordres la 1re division territoriale et les troupes non embrigadées, pendant que le général Changarnier, le général Baraguey d'Hilliers, du 9 janvier au 7 juillet 1851, et enfin le général Magnan, du 8 juillet au 4 décembre 1851, exercèrent successivement, aux Tuileries,

civile et la dotation de la Couronne, sous l'administration de M. Achille Fould, ministre d'État et de la maison de l'empereur. L'hôtel de l'Intendance rentre ainsi, encore une fois, dans le domaine de la Couronne et redevient l'hôtel du Grand veneur. Le 31 décembre 1852, le maréchal *Magnan* joint ce titre à celui de commandant en chef de l'armée de Paris, et remplace au n° 9 le général Carrelet, qui, le même jour, passe au général Dulac le commandement de la première division territoriale.

Mais l'hôtel manque des accessoires indispensables aux deux services qui s'y trouvent momentanément réunis ; de plus, on sent la nécessité de créer un dégagement sur la rue de Luxembourg. Le maréchal obtient du ministère de la maison de l'empereur la cession provisoire d'une partie du jardin de la Chancellerie, au département de la guerre, qui y élève à ses frais, en 1853, les bâtiments compris aujourd'hui sous le n° 28 de la rue Cambon.

Le maréchal Magnan meurt le 29 mai 1865, et n'est pas remplacé dans la charge de Grand veneur.

Le 1er juillet suivant, la liste civile cède à la guerre, et moyennant un loyer annuel de 28.000 francs, la jouissance de l'hôtel, pour permettre d'y installer le maréchal *Canrobert*, qui prend, le 4 du même mois, le commandement du 1er corps d'armée et demeure place Vendôme jusqu'au 22 juilllet 1870, jour où il quitte Paris pour se mettre à la tête du 6e corps de l'armée du Rhin.

Le maréchal comte *Baraguey d'Hilliers,* vice-président du Sénat, lui succède dans l'hôtel, comme commandant du 1er corps d'armée territorial. Mais trois semaines après, le 14 août, à la suite des bouleversements causés par nos désastres, le glorieux mutilé de Leipzig cède la place au général *Soumain* [1], qui, en qualité de commandant de la 1re division mili-

---

le commandement en chef des troupes de toutes armes de la 1re division d'abord, et plus tard de l'armée de Paris, qui, dès le 17 juillet 1851, ne comptait pas moins de trois divisions actives.

Le général Carrelet fut nommé sénateur le 2 décembre 1852.

1. Le général de division Soumain, rappelé du cadre de réserve le 16 juillet 1870, prit d'abord le commandement de la place de Paris, qu'il avait exercé du 18 juin 1856 au 30 mars 1870. Le 14 août de la même année, il reçut le commandement de la 1re division territoriale, fut nommé le 20 du même mois membre du Comité de défense, et joignit, du 7 au 19 décembre, à son commandement territorial, celui de la 1re division de la 3e armée. Il rentra dans le cadre de réserve le 3 février 1871.

taire, s'installe au n° 9, où il demeure pendant toute la durée du siège.

L'affectation de l'hôtel n'avait pas été modifiée par les événements, mais il avait changé de propriétaire. Dès le lendemain de la chute de l'Empire, tous les biens dépendant de la dotation de l'ancienne liste civile avaient été réunis au domaine de l'État (décret du 5 septembre 1870), et, le 10 novembre suivant, le gouvernement de la Défense nationale affecta régulièrement l'hôtel de la place Vendôme au département de la guerre.

Le 3 février, le général Soumain est remplacé dans le commandement de la 1re division militaire par le général *Desusleau de Malroy*, qui n'avait pas eu le temps de s'installer personnellement place Vendôme, lorsque survinrent les événements du 18 mars.

Pendant la Commune, l'hôtel évacué resta sous la garde du concierge ; heureusement le gouvernement insurrectionnel fit apposer les scellés sur les appartements de réception, qui se trouvèrent ainsi préservés du pillage ; un magasin d'habillement fut installé à l'entresol, et les autres locaux furent occupés par les insurgés. Après la prise de Paris, le général *Douay* établit son quartier général, pendant quelques jours, au n° 9 de la place Vendôme, qui est ensuite habité par le général *Montaudon*, en même temps que le général Saget, chef d'état-major du gouverneur de Paris et commandant par délégation de la 1re division militaire, y installe ses bureaux. Le 28 septembre 1873 le général Montaudon prend le commandement du 2e corps d'armée à Amiens ; alors le général *Saget* occupe tout l'hôtel, et y demeure jusqu'à sa mort.

Il y a pour successeur, en juillet 1875, le général *Borel*, qui, à son entrée au ministère, le 14 décembre 1877, est remplacé par le général *des Plas*.

Enfin, en 1880, l'hôtel est définitivement affecté au gouverneur militaire de Paris, et reçoit d'abord le général *Clinchant,* quelques mois après, le général *Lecointe*, et, le 27 mars 1884, le général *Saussier*.

Pour plus de précision, on a réuni dans le tableau ci-contre, en suivant l'ordre chronologique, les renseignements contenus dans la présente notice et concernant la construction, les états de propriété successifs, et les affectations de l'hôtel, avec indication des personnes de marque qui l'ont habité à diverses époques.

— 21 —

DATES DES MUTATIONS.	NOMS DES PROPRIÉTAIRES DU TERRAIN puis DE L'HÔTEL.	SERVICES PUBLICS AUXQUELS L'HÔTEL EST AFFECTÉ.	NOMS DES OCCUPANTS.	APPELLATIONS SUCCESSIVES DE L'HÔTEL.	OBSERVATIONS.
15...	Chancelier Duperron.	»	»	»	L'emplacement de l'hôtel fait partie des jardins.
15...	Ducs de Retz.	»	»	»	
Janvier 1603	Pierre de Gondi, évêque de Paris.	»	»	»	
Juillet 1603	Marquise de Maignelai.	»	»	»	
Juillet 1603	Duchesse de Mercœur.	»	»	»	
29 Juin 1604	Les Capucines.	»	»	»	
1689	L'État.	»	»	»	Le terrain reste nu.
7 Avril 1699	La Ville de Paris.	»	»	»	
10 Mai 1699	Le sieur Masneuf.	»	»	»	Construction de la façade.
1701	Mansard.	»	»	»	»
1er Février 1707	Lebas de Montargis.	»	»	»	»
14 Décembre 1708	Lelay de Villemaré.	»	Lelay de Villemaré.	»	Construction de l'hôtel.
?	Lelay de Guébriant.	»	De Villette.	»	»
22 Avril 1750	Dangé.	»	Dangé.	»	»
?	Dangé d'Orsay.	»	Dangé d'Orsay.	»	»
27 Juin 1778	De Joubert.	»	De Joubert.	»	»
24 Germinal an II	Domaine national.	Liquidation de la dette publique.	(a)	»	(a). Partie du service de la liquidation.
3 Brumaire an IV	—	—	(b)	»	(b) Tous les bureaux de ce service.
An VII	—	—	Denormandie (c).	»	(c) Avec une partie des bureaux.

— 22 —

DATES DES MUTATIONS.	NOMS DES PROPRIÉTAIRES DU TERRAIN puis DE L'HÔTEL.	SERVICES PUBLICS AUXQUELS L'HÔTEL EST AFFECTÉ.	NOMS DES OCCUPANTS.	APPELLATIONS SUCCESSIVES DE L'HÔTEL.	OBSERVATIONS.
19 Prairial an X	Domaine national.	Liquidation de la dette publique.	Defermon (d).		(d) Avec le secrétaire général et partie des bureaux.
30 Janvier 1810		Administration du domaine extraordinaire de la couronne.	Comte de Fermon.		»
8 Novembre 1814	Dotation de la couronne.	»	»		»
Avril 1815	Domaine national.	Direction de la caisse de l'extraordinaire.	Comte de Fermon (e).	Hôtel de l'Intendance.	(e) Avec M. Bernard-Dutreil.
Juillet 1815	Dotation de la couronne.	»	Baron de Vitrolles.		»
22 Mai 1816		Intendance générale du domaine extraordinaire de la couronne.	Marquis de la Maisonfort.		»
Mars 1819		Maison du roi.	Duc de Richelieu.		»
17 Mai 1822			»	Hôtel du Grand veneur.	»
4 Août 1824			Marquis de Lauriston.		»
11 Juin 1828			»		»
13 Août 1830		Liquidation de la liste civile.	Comte de Montalivet.		»
16 Octobre 1830		Administration de la liste civile.	»		»
2 Novembre 1830	Domaine de l'État.		Baron Delaitre.		»
2 Mars 1832			Baron Fain.		Affermé le 19 novembre 1832 au service de la maison du roi.
10 Octobre 1832			Comte de Montalivet.	Hôtel de l'Intendance.	»
22 Février 1836			Baron Fain.		M. de Bondy n'habite pas l'hôtel.
6 Septembre 1836			Comte de Montalivet.		»
17 Mai 1837			Comte de Bondy.		»
31 Mars 1839			Comte de Montalivet.		»
26 Février 1848			»		»
12 Mars 1848		Liquidation de la liste civile.	Vavin.		

DATES DES MUTATIONS.	NOMS DES PROPRIÉTAIRES DU TERRAIN puis DE L'HÔTEL.	SERVICES PUBLICS AUXQUELS L'HÔTEL EST AFFECTÉ.	NOMS DES OCCUPANTS.	APPELLATIONS SUCCESSIVES DE L'HÔTEL.	OBSERVATIONS.
19 Novembre 1849	Domaine de l'État.	Quartier général de la 1re division militaire.		»	
Mars 1850	—	—	Général Neumayer.	»	»
29 Octobre 1850	—	—	Général Carrelet.	»	»
12 Décembre 1852	Dotation de la couronne.	Maison de l'empereur.	»	»	»
31 Décembre 1852	—	—	Maréchal Magnan.	Hôtel du Grand veneur.	»
29 Mai 1865	—	Quartier général du 1er corps d'armée.	Maréchal Canrobert.	»	Affermé au département de la guerre le 1er juillet 1865.
1er Juillet 1865	—	—		»	
22 Juillet 1870	—	—	Maréchal Baraguey d'Hilliers.	»	
14 Août 1870	—	—	Général Soumain.	»	
5 Septembre 1870	Domaine de l'État.	Quartier général de la 1re division militaire.	—	»	Affecté au département de la guerre le 10 novembre 1870.
3 Février 1871	—	—	Général de Malroy.	»	
18 Mars 1871	—	—		»	»
23 Mai 1871	—	Quartier général du 4e corps de l'armée de Versailles.	Général Douay.	»	»
Juin 1871	—	Quartier général du 1er corps de l'armée de Versailles.	Général Montaudon.	»	»
28 septembre 1873	—	État-major du gouvernement militaire de Paris.	Général Saget.	»	»
Juillet 1875	—	—	Général Borel.	»	»
14 Décembre 1877	—	—	Général des Plas.	»	»
17 Juin 1880	—	Gouvernement militaire de Paris.	Général Clinchant.	Hôtel du Gouverneur.	»
27 Mars 1881	—	—	Général Lecointe.		»
27 Mars 1884	—	—	Général Saussier.		»

Telle est l'histoire de l'hôtel du Gouverneur militaire de Paris. Ses phases principales peuvent se résumer ainsi :

Construit jadis par un Traitant,
Sur l'emplacement d'un couvent,
Il abrita gens de finance,
Devint l'hôtel de l'Intendance,
Plus tard celui du Grand veneur,
Enfin l'hôtel du Gouverneur.

TABLE

I. La Place Vendôme. 1

II. Hôtel de M. le Gouverneur militaire de Paris. 11

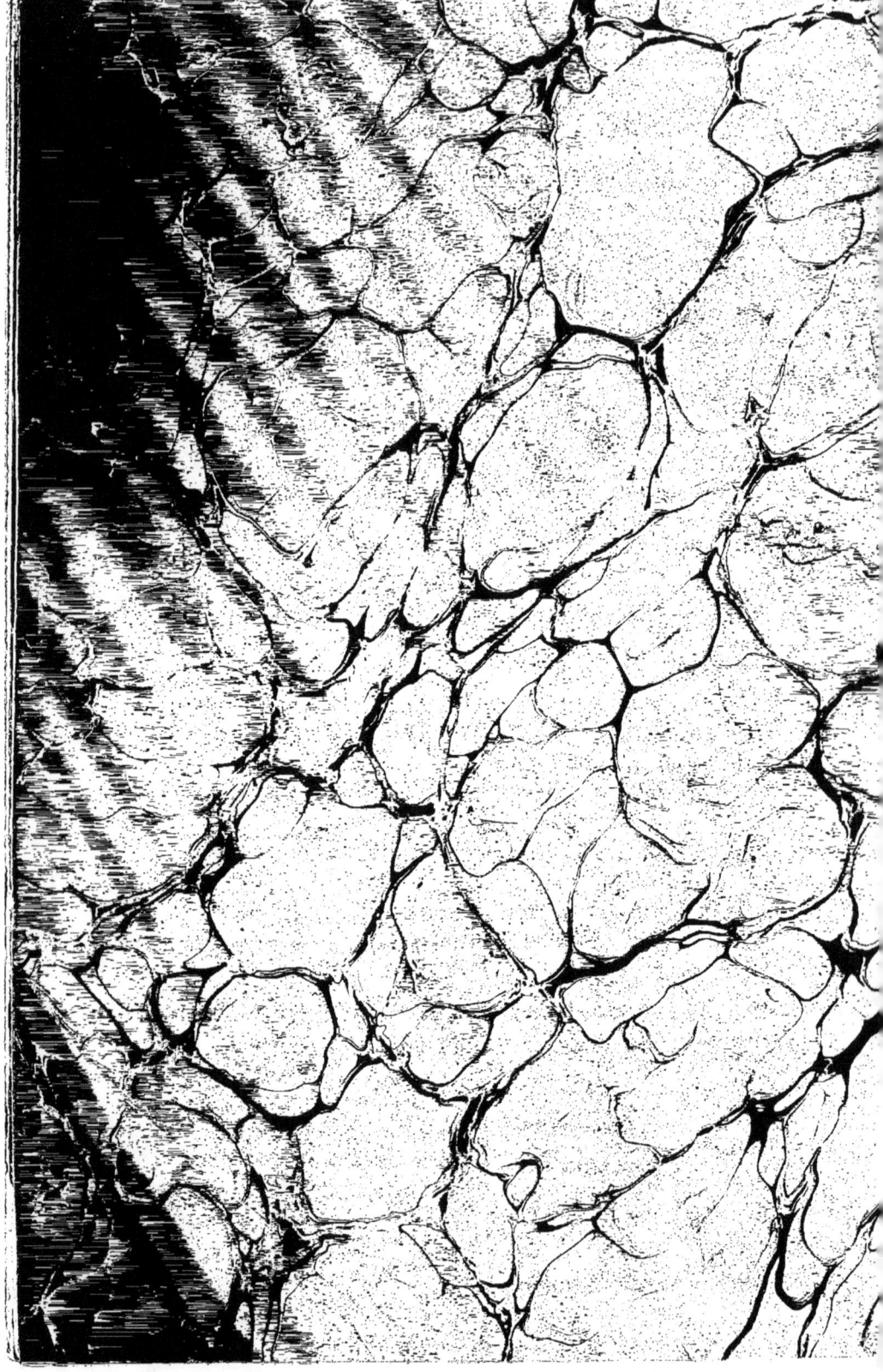

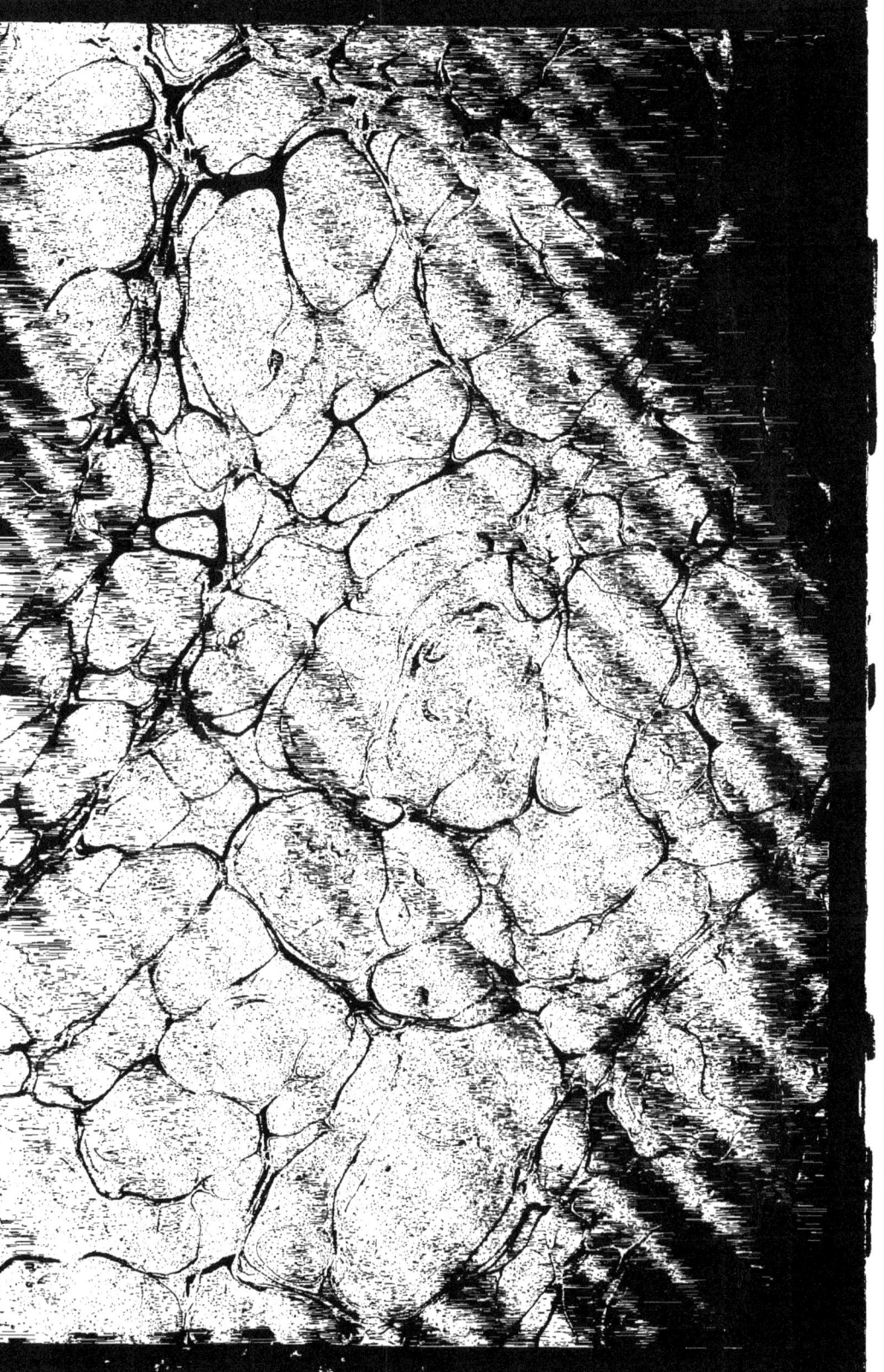

www.ingramcontent.com/pod-product-compliance
Lightning Source LLC
LaVergne TN
LVHW051511090426
835512LV00010B/2478